SOCIAL MEDIA - VON MYSPACE BIS TIKTOK

Die Geschichte des digitalen Wandels

Philipp Frühwirth

INHALT

EINFÜHRUNG: WAS IST SOCIAL MEDIA UND WARUM IST ES WICHTIG FÜR DIE GESCHICHTE?

In der heutigen digitalen Welt ist Social Media allgegenwärtig und hat einen enormen Einfluss auf unsere Kommunikation, unser Konsumverhalten, unsere politischen Ansichten und vieles mehr. Aber was ist Social Media genau und wie hat es sich im Laufe der Zeit entwickelt?

Social Media bezieht sich auf Online-Plattformen und Tools, die es Benutzern ermöglichen, Informationen, Inhalte und Meinungen auszutauschen, zu teilen und zu diskutieren. Das reicht von einfachen Textnachrichten bis hin zu komplexen multimediale Inhalten wie Videos, Fotos oder Livestreams.

Es gibt viele Arten von Social Media, darunter soziale Netzwerke wie Facebook, LinkedIn und Twitter, Video-Sharing-Plattformen wie YouTube, Mikroblogging-Seiten wie Tumblr und Instagram, Foto-Sharing-Apps wie Snapchat und Pinterest sowie Instant-Messaging-Dienste wie WhatsApp und WeChat.

Social Media hat inzwischen weitreichende Auswirkungen auf unsere Gesellschaft und Kultur. Es hat sich zu einem wichtigen Instrument für die Verbreitung von Nachrichten und Informationen entwickelt und wird oft als "vierte Gewalt" bezeichnet. Es ist auch ein wesentliches Marketinginstrument für Unternehmen und Marken, die Kundenbindung und -interaktion optimieren und ihr Markenimage verbessern wollen. Wissenschaftler nutzen es zur Verbreitung von Informationen und zur Zusammenarbeit mit Kollegen auf der ganzen Welt. Social Media hat auch das politische Klima verändert, indem es politischen Aktivisten eine Plattform zur Verbreitung ihrer Ideen und Botschaften bietet.

Social Media kann auch negative Auswirkungen haben. Es kann zu Cybermobbing, Trolling und dem Breit machen von Falschnachrichten und Gerüchten führen. Es kann auch dazu beitragen, die Kluft zwischen den verschiedenen Gruppen der Gesellschaft zu vertiefen und zu polarisieren.

Unabhängig von seinen Vor- und Nachteilen bleibt Social Media ein wichtiger Bestandteil unserer digitalen Welt. Es hat sich zu einem wesentlichen Bestandteil unserer Kommunikation, unserer Interaktion mit der Welt und unserer Identität entwickelt. Es beeinflusst auch die Art und Weise, wie die Gesellschaft arbeitet, interagiert und Entscheidungen trifft. In diesem Buch werden wir uns auf die Geschichte des Social Media konzentrieren und seine Entwicklung und Auswirkungen auf die Gesellschaft erforschen.

VORLÄUFER VON SOCIAL MEDIA: VON CB-RADIOS BIS USENET BOARDS

Social Media ist ein relativ neues Phänomen, das oft als ein Produkt der Digitalisierung angesehen wird. Aber die Idee, mit anderen Menschen zu kommunizieren, hatten die Menschen schon lange vor der Erfindung des Internets. In diesem Kapitel werden wir uns die Vorläufer von Social Media im Offline-Bereich ansehen.

Eine der frühesten Formen der Social Media war das CB-Radio, das Ende der 1940er Jahre in den USA entwickelt wurde. CB-Radios wurden vor allem von LKW-Fahrern und ihrer Community genutzt, um miteinander in Kontakt zu bleiben. Die Radiosender wurden auch benutzt, um Straßeninformationen, Wetterberichte oder Neuigkeiten auszutauschen. CB-Radio wurde oft als "erster Social Media-Kanal" bezeichnet, weil es den Nutzern eine Möglichkeit bot, mit anderen Menschen in Echtzeit und auf unkomplizierte Weise zu kommunizieren.

In den 1970er und 1980er Jahren entstanden dann Usenet Boards und Bulletin Board-Systeme (BBS). Usenet war ein Netzwerk von Diskussionsforen, die es den Nutzern ermöglichten, Nachrichten und Kommentare zu posten und auf Beiträge von anderen zu antworten. BBS war ein dezentrales System von Computer-Systemen, auf denen Benutzer digitale Nachrichten, Spiele, Dateien und vieles mehr austauschen konnten. Der Zugang zu diesen Systemen erfolgte über ein Modem und das Telefonnetz.

Diese Vorläufer von Social Media boten den Benutzern die Möglichkeit, sich über gemeinsame Interessen auszutauschen und sich in virtuellen Gemeinschaften zu organisieren. CB-Radio, Usenet und BBS waren jedoch nicht so einfach zugänglich und verbreitet wie die Social-Media-Plattformen, die später kamen. Ihr Einfluss und ihre Reichweite waren auf bestimmte Nutzergruppen wie LKW-Fahrer, Geeks oder Wissenschaftler beschränkt.

Dennoch waren diese Vorläufer wichtige Vorreiter des Online-Social-Media und legten die Grundlagen für die Entwicklung von späteren Plattformen. Die Technologie der Interaktion und Kommunikation in virtuellen Gemeinschaften wurde maßgeblich von diesen Systemen beeinflusst.

Insgesamt haben diese Vorläufer von Social Media gezeigt, dass der Wunsch, sich mit anderen auszutauschen und sich zu connecten, tief in der Menschheitsgeschichte verankert ist. Das Internet und die digitale Kommunikationstechnologie haben das Potenzial, die Grenzen dieser Verbindungen zu sprengen und die Möglichkeiten für den Austausch auf eine völlig neue Ebene zu bringen.

ENTSTEHUNG DES WORLD WIDE WEB UND SEINE AUSWIRKUNGEN AUF SOCIAL MEDIA

Mit der Entstehung des World Wide Web in den 1990er Jahren begann eine neue Ära des Internets und damit auch des Social Media. Das World Wide Web, oft auch einfach als Web bezeichnet, war ein Meilenstein für das Internet und ermöglichte erstmals die einfache Verknüpfung von Dokumenten und Inhalten über das Netzwerk.

Dies hatte auch Auswirkungen auf die Art und Weise, wie Menschen im Internet kommunizierten und interagierten. Bereits Mitte der 1990er Jahre entstanden erste Online-Foren und Diskussionsplattformen, die es Nutzern ermöglichten, sich zu spezifischen Themen auszutauschen und Meinungen zu teilen. Auch E-Mails und Instant Messaging wurden immer populärer, die es Nutzern ermöglichten, schnell und einfach mit Freunden und Bekannten auf der ganzen Welt zu kommunizieren.

Diese Entwicklungen legten den Grundstein für das, was später als Social Media bezeichnet werden sollte. Der Begriff Social Media wurde erstmals in den frühen 2000er Jahren geprägt, um eine neue Art von Internet-Plattformen zu beschreiben, die es Nutzern ermöglichten, Inhalte zu teilen und sich mit anderen Nutzern zu vernetzen.

Mit der zunehmenden Verbreitung des Internets und der steigenden Anzahl von Nutzern wurden die Möglichkeiten zur Interaktion und Vernetzung immer zahlreicher. Plattformen wie Friendster und MySpace, die in den 2000er Jahren entstanden, ermöglichten es Nutzern erstmals, ein persönliches Profil zu erstellen und sich mit Freunden und Bekannten zu vernetzen.

Die Auswirkungen des World Wide Web auf die Entwicklung von Social Media können nicht unterschätzt werden. Ohne die Entwicklung des Web hätten viele der Plattformen und Möglichkeiten zur Interaktion und Vernetzung nicht existieren können. Das World Wide Web hat die Möglichkeiten der digitalen Kommunikation und Interaktion grundlegend verändert und eine neue Ära des Internets eingeleitet, in der Social Media eine immer bedeutendere Rolle spielen sollte.

DAS AUFKOMMEN VON ONLINE-FOREN UND CHATROOMS

Mit der Verbreitung des Internets in den 1990er Jahren entstanden die ersten Online-Foren und Chatrooms. Online-Foren erlaubten Nutzern, Themen und Diskussionen zu posten und Kommentare von anderen Nutzern zu erhalten. Chatrooms ermöglichten es Nutzern, in Echtzeit miteinander zu kommunizieren. Diese frühen Formen von Social Media legten den Grundstein für die Interaktion und Zusammenarbeit im Internet.

Die ersten Online-Foren wurden in den späten 1980er Jahren veröffentlicht und waren in der Regel auf Wissenschaftsplattformen oder Computer-Diskussionsgruppen beschränkt. Die Einführung des World Wide Web erweiterte die Anzahl der Foren und ihre Reichweite. Das erste populäre Online-Forum, das auf der World Wide Web-Plattform betrieben wurde, war das britisches Internet-Baby-Forum Babyworld.co.uk, eine Online-Gemeinschaft für Eltern und zukünftige Eltern.

Chatrooms wurden ebenfalls in den frühen 1990er Jahren ins Leben gerufen. Die ersten Chatrooms waren auf Bulletin-Board-Systemen (BBS) zu finden, die den Austausch zwischen einer begrenzten Gruppe von Nutzern ermöglichten. Dies änderte sich jedoch mit der Einführung von Internet Relay Chat (IRC) - einer offenen Plattform für Chatrooms - im Jahr 1988. IRC und ähnliche Chat-Tools wurden schnell bei der Verbreitung des Internets sehr populär.

Online-Foren und Chatrooms schufen frühe Formen von Internet-

Kommunikation und -Interaktivität. Sie erlaubten Menschen aus der ganzen Welt, miteinander zu kommunizieren und sich auszutauschen. In einer Zeit, als das Internet noch relativ unbekannt war, boten diese Social-Media-Formen eine neue Art der Verbindung für Menschen. Es war eine Chance für Menschen, sich mit Gleichgesinnten zu treffen, Fragen zu stellen und Antworten zu bekommen.

Zusammenfassend lässt sich sagen, dass Online-Foren und Chatrooms die frühesten Vorläufer heutiger Social-Media-Plattformen sind. Sie ermöglichten die Interaktion und Zusammenarbeit im Internet und waren der Vorläufer für die heutigen sozialen Netzwerke. Diese frühen sozialen Plattformen boten Nutzern eine neue Art der Verbindung und legten den Grundstein für das, was heute als Social-Media-Revolution bekannt ist.

DIE GEBURT DES ERSTEN SOCIAL NETWORKS: SIX DEGREES

Während Online-Foren und Chatrooms in den 1990er Jahren populär wurden, war es erst 1997, als das erste Social Network, Six Degrees, ins Leben gerufen wurde. Die Seite, benannt nach der Theorie des amerikanischen Psychologen Stanley Milgram, der besagt, dass jeder Mensch durch sechs Ecken mit jedem anderen Menschen verbunden ist, erlaubte es Nutzern, Freundschaftsanfragen zu senden, Nachrichten auszutauschen und Profile zu erstellen.

Obwohl es nie wirklich erfolgreich war, erweckte Six Degrees das Interesse von Investoren und anderen Unternehmen, die das Potenzial von Social Media erkannten. Im Jahr 2000 wurde Six Degrees an Youthstream Media Networks verkauft, später wurde es jedoch vom Betreiber geschlossen.

Dennoch gilt Six Degrees als das erste Social Network, das den Grundstein für das legte, was heutzutage als Social Media bekannt ist. Seine Idee, Menschen online miteinander zu verbinden und es ihnen zu ermöglichen, mit anderen zu interagieren und Freundschaften zu schließen, war der Beginn einer Revolution in der Art und Weise, wie wir miteinander umgehen und kommunizieren.

Six Degrees hatte auch Auswirkungen auf andere soziale Netzwerke, die später ins Leben gerufen wurden. LinkedIn, das sich auf Business-Networking konzentriert, wurde von Reid Hoffman gegründet, der früher bei Six Degrees tätig war. Auch Mark Zuckerberg, der später Facebook gründete, soll von Six

Degrees inspiriert worden sein.

Insgesamt ist Six Degrees ein wichtiger Meilenstein in der Geschichte von Social Media. Es war das erste Mal, dass Menschen online vernetzt wurden, was später zu einem riesigen Netzwerk von Milliarden von Nutzern auf der ganzen Welt führen sollte. Es eröffnete auch Möglichkeiten für Unternehmen und Investoren, die erkannten, dass Social Media eine wichtige Rolle in der Art und Weise spielen würde, wie wir interagieren, kommunizieren und Informationen austauschen.

DIE BEDEUTUNG VON BLOGS UND MICROBLOGS WIE TWITTER

Blogs und Microblogs wie Twitter haben die Art und Weise, wie Menschen im Internet kommunizieren, auf eine neue Ebene gebracht. Der Begriff "Blog" leitet sich vom Wort "Weblog" ab und bezeichnet im Allgemeinen eine Art von Website, auf der regelmäßig aktualisierte Beiträge oder Artikel veröffentlicht werden. Diese Beiträge können sich auf eine Vielzahl von Themen beziehen, darunter persönliche Erfahrungen, Reisen, Lifestyle, Mode, Politik und Technologie.

Blogs sind seit den späten 1990er Jahren Teil des Internets und haben seitdem eine enorme Popularität erlangt. Viele Menschen beginnen Blogs aus persönlichem Interesse zu schreiben, während andere sie als Plattform nutzen, um ihre Stimme zu politischen oder sozialen Themen zu erheben. Unternehmen nutzen Blogs ebenfalls, um ihr Image online zu verbessern und Kundennähe herzustellen.

Einer der bedeutendsten Aspekte von Blogs ist ihre Fähigkeit, ein Publikum aufzubauen und zu binden. Blogs können sich auf bestimmte Nischen konzentrieren und spezielle Zielgruppen ansprechen. Ein erfolgreiches Blog kann eine loyale Leserschaft aufbauen und somit zum Aufbau einer starken Online-Präsenz beitragen.

Im Jahr 2006 trat dann ein weiterer wichtiger Akteur auf den Plan: Twitter. Twitter kann als Microblogging-Dienst bezeichnet werden. Der Dienst erlaubt es seinen Benutzern, kurze, prägnante Nachrichten (Tweets) zu veröffentlichen, die maximal 280

Zeichen lang sein dürfen. Mit ihren Tweets können Benutzer Links zu ihrem Blog oder zu anderen relevanten Inhalten teilen oder einfach ihre Meinung zu einem bestimmten Thema äußern.

Twitter hat die Art und Weise verändert, wie wir über Nachrichten und Ereignisse auf der ganzen Welt informiert werden. Es hat sich auch als wichtiger Bestandteil des Online-Marketings und der Kommunikation von Unternehmen etabliert. Viele Unternehmen nutzen Twitter, um Kundeninteraktion zu betreiben und ihre Marke bekannt zu machen.

Zusammenfassend lässt sich sagen, dass Blogs und Microblogs wie Twitter die Online-Kommunikation auf eine neue Stufe gehoben haben. Sie erleichtern es Einzelpersonen, Unternehmen und Organisationen, schnell und einfach mit einem breiten Publikum zu kommunizieren und ihre Stimme zu Gehör zu bringen. In der heutigen digital vernetzten Welt spielen Blogs und Microblogs eine wichtige Rolle als Mittel zur Verbreitung von Nachrichten und Informationen sowie zur Beteiligung an Diskussionen über eine Vielzahl von Themen.

ENTDECKUNG DER MACHT VON SOCIAL MEDIA BEI KATASTROPHEN UND GESELLSCHAFTLICHEN EREIGNISSEN

Social Media hat sich als ein nützliches Instrument erwiesen, um Katastrophen aller Art zu bewältigen und in Echtzeit auf gesellschaftliche Ereignisse zu reagieren. Seine Benutzer haben es schnell zu einer wichtigen Informationsquelle und einem wichtigen Bestandteil von Kommunikationsbemühungen gemacht. Wenn Menschen schnell und effektiv über das, was in der Welt um sie herum passiert, informiert werden sollen, wird Social Media zunehmend zur ersten Adresse.

Einige der dramatischsten Ereignisse der jüngsten Geschichte haben sich durch Social Media verbreitet. Dies hat die Aufmerksamkeit von Regierungen, Organisationen und Unternehmen auf sich gezogen, die Bedeutung von Social Media im Katastrophenmanagement, bei der Krisenkommunikation und bei der Bewältigung großer öffentlicher Herausforderungen erkannt und genutzt haben.

Die Macht von Social Media zeigte sich erstmals in ihrer Fähigkeit, Nachrichten schnell zu verbreiten. Das liegt daran, dass das Format von Social Media es Benutzern ermöglicht, schnell und einfach Informationen von einem sozialen Netzwerk zum anderen zu teilen. In Situationen von Naturkatastrophen und Unfällen bietet dies eine unglaublich wertvolle Funktion, da Benutzer in der Lage sind, Live-Updates von Notfalldiensten zu empfangen oder Erfahrungen mit anderen zu teilen.

Im Jahr 2010 erreichte eine junge Frau namens Lara Logan von CBS News weltweite Aufmerksamkeit, als sie auf dem Tahrir-Platz in Kairo von sexuellen Übergriffen berichtete. Ihr Bericht wurde durch die Nutzung von Twitter, Facebook und anderen sozialen Netzwerken verbreitet. Binnen Stunden verbreitete sich ihre Geschichte um die Welt und löste eine Welle von Protesten aus.

Ein weiteres bemerkenswertes Beispiel ist Hurrikan Sandy im Oktober 2012. Während das Katastrophenhilfsteam der Regierung arbeitete und dazu beitrug, die Auswirkungen des Hurrikans zu minimieren, erhielt es Unterstützung von Unternehmen, Organisationen und Einzelpersonen, die Social-Media-Kampagnen nutzten, um dringend benötigte Informationen und Hilfsgüter zu verteilen.

In sozialen Netzwerken kann der öffentliche Druck durch die Menschen genutzt werden, um die Regierung und andere Organisationen und Verantwortliche dazu zu bringen, schnell auf eine Katastrophe zu reagieren. Auf diese Weise hat sich Social Media als Instrument erfolgreicher Mobilisierung im Katastrophenmanagement und in der Krisenkommunikation erwiesen.

Zusammenfassend lässt sich sagen, dass Social Media zu einer unverzichtbaren Ressource geworden ist, um Ereignisse und Entwicklungen zu verfolgen und schnell auf Katastrophen und gesellschaftliche Ereignisse zu reagieren. Es ermöglicht den Zugang zu sofortiger Information und die Möglichkeit, Menschen im In- und Ausland schnell und effektiv zu erreichen. In den letzten Jahren hat Social Media seine Macht in der Bewältigung komplexer Krisen und der schnellen Informationsbereitstellung bewiesen.

MYSPACE UND FRIENDSTER: DIE PIONIERE DES SOCIAL NETWORKING

Bevor es Facebook gab, gab es MySpace und Friendster, die beiden Pioniere des Social Networking. MySpace wurde 2003 gegründet und wurde schnell zum beliebtesten Social Network der Welt. Friendster startete bereits 2002 und war das erste Online-Social-Network, das tatsächlich als solches bezeichnet wurde.

Friendster war weniger anpassungsfähig als MySpace und bot seinen Benutzern weniger Möglichkeiten, ihre Profile zu individualisieren, was MySpace zu einem viel attraktiveren Angebot machte. MySpace ermöglichte es den Benutzern, HTML-Code in ihre Profile zu integrieren, was bedeutete, dass sie ihre Seiten mit Musik, Videos und anderen benutzerdefinierten Inhalten füllen konnten. Das machte MySpace zu einer großen Plattform für Musik, insbesondere für unabhängige Künstler, die ihre Lieder auf ihre MySpace-Seiten hochladen konnten und so zu Online- Stars wurden.

Auch Prominente nutzten MySpace, um sich mit Fans zu verbinden. MySpace hat auch eine wichtige Rolle bei der Förderung von Musik- und Kulturveranstaltungen gespielt. Das System der Freunde wurde zum Synonym für Freundschaften und Networking. In der Tat machten es die Freunde und das Publikum auf MySpace möglich, Musik-Karrieren zu starten.

Friendster wurde auch von der Musikindustrie genutzt, hatte jedoch weniger Erfolg als MySpace. Friendster hatte Schwierigkeiten, mit dem Ansturm von Benutzern umzugehen, was zu häufigen Ausfällen führte. Der Erfolg von Friendster war jedoch von kurzer Dauer, da es schnell von Myspace und später von Facebook überschattet wurde.

MySpace hatte jedoch auch seine Probleme. Es gab Berichte über sexuell explizite Inhalte und Missbrauch, die das Unternehmen in Verruf brachten. Zudem war es sehr anpassbar, aber auch unübersichtlich und es war schwierig, einen Mehrwert für Unternehmen zu schaffen, was mit der Zeit zu einem Rückgang der Nutzer führte.

Am Ende trug die Überlegenheit von Facebook und Twitter dazu bei, dass MySpace und Friendster allmählich in Vergessenheit gerieten. Die beiden Unternehmen existieren bis heute, sind aber nicht mehr so wichtig für die Online-Welt. MySpace wurde 2019 für 35 Millionen US-Dollar verkauft. Heute stehen Twitter, LinkedIn und Facebook an der Spitze der hierarchischen Struktur der Social-Media-Welt.

AUFSTIEG VON FACEBOOK UND SEINE AUSWIRKUNGEN AUF DIE SOCIAL-MEDIA-LANDSCHAFT

Als Mark Zuckerberg und einige seiner engsten Freunde 2004 Facebook gründeten, hatten sie wahrscheinlich keine Ahnung davon, wie großartig das soziale Netzwerk werden würde. Ursprünglich nur für Harvard-Studenten gedacht, wurde Facebook schnell zum bevorzugten Social-Networking-Service bei Colleges und Universitäten in den USA. Im Jahr 2006 öffnete Facebook sich schließlich der gesamten Welt und wuchs schnell in eine billionenschwere Branche. Facebook war nicht nur ein Ort, an dem Menschen Fotos und Informationen über sich selbst teilen konnten, es bot auch eine neue Möglichkeit, mit Freunden und Verwandten in Kontakt zu bleiben und neue Leute kennenzulernen.

Die Einführung von Facebook im Jahr 2004 revolutionierte die Art und Weise, wie Menschen online interagieren. Der Aufstieg von Facebook führte dazu, dass andere soziale Netzwerke wie MySpace und Friendster an Bedeutung verloren haben. Facebook war nicht nur einfacher zu bedienen, sondern bot auch mehr Funktionen und Möglichkeiten, die Nutzer miteinander zu verbinden. Schnell wurde Facebook zum größten sozialen Netzwerk der Welt.

Eine der ursprünglichen Attraktionen von Facebook war die Möglichkeit, sich mit anderen Menschen auszutauschen und Kontakte zu knüpfen. Es war eine großartige Möglichkeit, alte Freunde und neue Leute zu finden, mit denen man gemeinsame Interessen teilen konnte. Es war auch ein großartiger Ort, um sich über aktuelle Ereignisse und Schlagzeilen zu informieren und sich an Diskussionen zu beteiligen. Mit der Zeit hat

Facebook mehr Funktionen wie Gruppen, Veranstaltungen und Nachrichten integriert, um das Nutzererlebnis zu verbessern und die Interaktion zwischen Nutzern zu fördern.

Die Auswirkungen von Facebook auf die Social-Media-Landschaft sind immens. Es hat dazu beigetragen, Social Media zu einer beispiellosen Form der Kommunikation und des Austauschs zu machen. Heutzutage nutzen viele Menschen Social Media, um ihre Gedanken und Erfahrungen mit denen zu teilen, die sie lieben und schätzen. Facebook hat auch dazu beigetragen, die Welt zu einem kleineren Ort zu machen, indem es Menschen aus verschiedenen Teilen der Welt miteinander verbindet und es ihnen ermöglicht, zu kommunizieren und Informationen auszutauschen.

Insgesamt hat Facebook die Art und Weise, wie wir miteinander und der Welt um uns herum interagieren, revolutioniert. Es hat uns in die Lage versetzt, uns mit anderen Menschen zu vernetzen, uns über lokale und weltweite Ereignisse zu informieren und uns mit Produkten und Dienstleistungen zu verbinden, die für uns von Interesse sind. Mit Sicherheit wird Facebook auch in Zukunft eine wichtige Rolle in der Social-Media-Landschaft spielen.

ENTSTEHUNG VON LINKEDIN UND DIE BEDEUTUNG VON BUSINESS-NETWORKING

Neben den etablierten Social-Media-Plattformen wie Facebook oder Instagram gibt es auch Netzwerke, die sich speziell an Berufstätige richten. Eine dieser Plattformen ist LinkedIn, die 2003 gegründet wurde.

LinkedIn wurde von Reid Hoffman, einem früheren PayPal-Mitarbeiter, ins Leben gerufen und ist heute das größte berufliche Netzwerk der Welt. Die Plattform verfügt über mehr als 700 Millionen Nutzer in über 200 Ländern und Regionen. Im Gegensatz zu anderen sozialen Netzwerken geht es bei LinkedIn weniger um Freundschaften und persönliche Interessen, sondern vielmehr um berufliche Kontakte und Karrieremöglichkeiten.

LinkedIn bietet seinen Nutzern die Möglichkeit, Profile anzulegen, die ähnlich wie Lebensläufe strukturiert sind. Dort können sie ihre berufliche Laufbahn, Qualifikationen, Erfolge und Fähigkeiten präsentieren. Nutzer können auch Empfehlungen sammeln und ihre Fähigkeiten von anderen bestätigen lassen. Darüber hinaus gibt es Gruppen, in denen sich Berufstätige austauschen und vernetzen können.

Ein weiterer wichtiger Aspekt von LinkedIn ist das Recruiting. Unternehmen nutzen die Plattform, um potenzielle Mitarbeiter zu suchen und anzusprechen. Auch Bewerbungen können online eingereicht werden. Dank der umfangreichen Informationen in den Profilen können Arbeitgeber die Qualifikationen und Erfahrungen potenzieller Mitarbeiter besser einschätzen.

LinkedIn hat die Art und Weise, wie Menschen nach Jobs

suchen und sich miteinander vernetzen, verändert. Früher war Networking hauptsächlich auf persönliche Beziehungen oder Branchenevents beschränkt. Mit LinkedIn können Nutzer jedoch problemlos Kontakte knüpfen, die sie sonst vielleicht nie getroffen hätten. Die Plattform erleichtert auch den Einstieg in bestimmte Branchen, da potenzielle Arbeitgeber besser auf die Fähigkeiten und Erfahrungen der Bewerber zugreifen können.

Ein weiteres wichtiges Merkmal von LinkedIn ist die Möglichkeit, sich über aktuelle Branchentrends und Entwicklungen auf dem Laufenden zu halten. Nutzer können sich in Gruppen mit Gleichgesinnten austauschen und sich über relevante Neuigkeiten und Ideen informieren. Dadurch können sie ihr Wissen und ihre Fähigkeiten ständig erweitern und auf dem neuesten Stand halten.

Insgesamt hat LinkedIn die Art und Weise verändert, wie Berufstätige Netzwerke aufbauen und nach Karrieremöglichkeiten suchen. LinkedIn hat gezeigt, dass Social Media mehr ist als nur ein Ort, um Fotos zu teilen und Status-Updates zu veröffentlichen. Es kann auch ein wertvolles Werkzeug sein, um berufliche Erfolge zu erzielen und die Karriere voranzutreiben.

YOUTUBE UND DIE AUSWIRKUNGEN VON VIDEO-SHARING

Im Jahr 2005 startete YouTube, eine Plattform für das gemeinsame Ansehen und Teilen von Videos online. Die Gründung von YouTube hat dazu beigetragen, dass Videokonsum in der Onlinewelt zu einem der erfolgreichsten Formate geworden ist. In einem Durchschnittstag werden auf der Website über eine Milliarde Stunden an Videos angesehen und über 500 Stunden neues Videomaterial hochgeladen. Die Nutzung von YouTube hat sich auf die Art und Weise ausgewirkt, wie Menschen miteinander kommunizieren, ihre Interessen teilen und ihre Marken mit anderen teilen.

YouTube hat die Möglichkeit gegeben, dass jeder Inhalte online veröffentlichen kann. Dank dieser Plattform sind nun die Tore für Content-Ersteller offen, die in der Lage sind, eigene unabhängige Werke zu produzieren und eine Reichweite zu erzielen, die früher faktisch nicht möglich war. Die Plattform hat dazu beigetragen, dass eine neue Generation von Influencern und Bloggern entstand, vor allem im Bereich Beauty- und Gaming-Szene. Der bekannteste YouTuber PewDiePie hat mehr als 110 Millionen Abonnenten, der zweitbekannteste, T-Series, ist ein indischer Musikkanal mit fast 190 Millionen Abonnenten.

YouTube hat auch die Welt der Werbung verändert. Die Plattform bietet Unternehmen die Möglichkeit, ihre Werbung auf Videos abzustimmen, die für ihre Zielgruppe relevant sind, und ihre Verbraucher auf diese Weise effektiv zu erreichen. Die Influencer-Marketing-Industrie ist auf explodiert, da Video-Content-Produzenten zu bekannten Marken-Influencern werden und Unternehmen auf Youtube und anderen Plattformen für ihre Produkte werben möchten.

In jüngster Zeit hat YouTube auch Technologien wie Virtual- und Augmented-Reality-Plattformen integriert. Diese neuen Technologien eröffnen Unternehmen und Content-Erstellern Möglichkeiten, immersive und beeindruckende Videomaterialien zu erstellen und ermöglichen gleichzeitig die Schaffung neuer Geschäftsmöglichkeiten.

Einige Kritiker argumentieren, dass YouTube negative Auswirkungen auf die Gesellschaft habe, wie Cybermobbing, negative Beeinflussung von Kindern oder die Etablierung von desinformierenden Inhalten auf der Plattform. In jüngerer Zeit hat das Unternehmen jedoch Schritte unternommen, um diese Probleme anzugehen und sich für eine gesündere Community und eine bessere Regulierung von Inhalten sozialer Medien einzusetzen.

Die Auswirkungen von YouTube auf die Online-Landschaft sind immens und die Plattform setzt ihren Einfluss fort. Die Zukunft von YouTube und Video-Content-Produktion wird voraussichtlich weiter wachsen und damit auch ihre Rolle bei der Förderung von Veränderungen in der gesamten Medienwelt der Welt.

DIE ROLLE VON SOCIAL MEDIA BEI POLITISCHEN BEWEGUNGEN UND REVOLUTIONEN

In den letzten Jahren haben Social-Media-Plattformen eine wichtige Rolle bei der Mobilisierung und Koordination von politischen Bewegungen und Protesten auf der ganzen Welt gespielt. Diese Plattformen ermöglichen es den Bürgern, ihre Stimme zu erheben und ihre Meinung öffentlich auszudrücken, was zu einer größeren Zusammenarbeit, einer besseren Vernetzung und einer Stärkung der demokratischen Prozesse führen kann.

Ein wichtiger Wendepunkt war die sogenannte Arab Spring-Bewegung im Jahr 2011, die in der gesamten arabischen Welt Proteste auslöste. Die sozialen Medien spielten eine wichtige Rolle bei der Organisation und Verbreitung von Informationen, die zur Mobilisierung der Menschen beitrugen. Facebook-Veranstaltungen, Hashtags auf Twitter und andere Social-Media-Plattformen wurden genutzt, um Proteste und Demonstrationen zu organisieren und um Menschen auf der ganzen Welt über die Ereignisse auf dem Laufenden zu halten.

Eine ähnliche Rolle spielten Social-Media-Plattformen während der Black Lives Matter-Bewegung in den USA. Nach dem Mord an George Floyd im Jahr 2020 lösten sich landesweite Proteste aus, die über soziale Medien koordiniert wurden. Videos von Polizeigewalt und Rassismus, die über soziale Medien geteilt wurden, trugen dazu bei, die Aufmerksamkeit der Öffentlichkeit und der Medien auf das Thema zu richten und eine breitere

Unterstützung für die Bewegung zu gewinnen.

Die Rolle von Social-Media-Plattformen geht jedoch über die Organisation von Protesten hinaus. Wie in der Arab Spring-Bewegung war es auch bei der Black Lives Matter-Bewegung wichtig, öffentliche Diskussionen und Debatten zu führen. Auf Social-Media-Plattformen können Menschen ihre Meinungen äußern, ihre Gedanken und Ideen teilen und andere Meinungen kennenlernen, was zu einem breiteren Verständnis und einem besseren Dialog führen kann.

Allerdings gibt es auch eine Kehrseite. Soziale Medien können auch dazu genutzt werden, Desinformationen und Propaganda zu verbreiten, was zu einer Verzerrung der öffentlichen Meinung und einer Spaltung der Gesellschaft führen kann. Politiker und Regierungen nutzen ebenfalls Social-Media-Plattformen, um ihre Botschaften zu verbreiten und ihre Agenda voranzutreiben, was zu einem Missbrauch der Plattformen und der Verzerrung der öffentlichen Wahrnehmung führen kann.

Insgesamt haben Social-Media-Plattformen die Art und Weise verändert, wie politische Bewegungen und Diskussionen organisiert und geführt werden. Sie bieten eine wichtige Möglichkeit für die Menschen, ihre Meinungen und Ansichten zu teilen und ihre Stimme zu erheben, was zu einer größeren Zusammenarbeit, einer besseren Vernetzung und einer Stärkung der demokratischen Prozesse beitragen kann.

INSTAGRAM UND DIE BEDEUTUNG VON VISUELLEM STORYTELLING

Instagram ist seit seiner Gründung im Jahr 2010 eines der führenden sozialen Netzwerke, die sich auf die Verbreitung von Fotos und Videos konzentrieren. Die Plattform hat mittlerweile über eine Milliarde monatlich aktive Nutzer weltweit und ist damit zu einem wichtigen Werkzeug für Influencer, Marken und Unternehmen geworden.

Was macht Instagram so besonders und welche Bedeutung hat es für das visuelle Storytelling? Ein großer Teil seines Erfolgs liegt in der Art und Weise, wie Benutzer ihre Inhalte erstellen und teilen können. Instagram bietet eine Vielzahl von Filtern und Bearbeitungsoptionen, um Bilder und Videos auf kreative und ansprechende Weise zu gestalten. Es ermöglicht auch das Teilen von kurzen, ansprechenden Videos und visuellen Collagen.

Instagrams visuelle Plattform bietet Marken und Unternehmen die Möglichkeit, sich auf eine kreative Art und Weise zu präsentieren. Dazu gehört die Verwendung von visuellen Elementen wie Bildern und kurzen Videos, um Produkte und Dienstleistungen zu präsentieren. Die Plattform eignet sich besonders gut für Marken, die visuelle Produkte wie Mode, Kunst, Essen und Reisen anbieten.

Die Beliebtheit von Instagram hat auch zur Entstehung einer neuen Art von Influencer geführt: den Instagram-Influencern. Diese Influencer erreichen oft ein breites Publikum und können Werbebotschaften effektiv an ihre Anhänger weitergeben. Unternehmen arbeiten oft mit diesen Influencern zusammen, um ihre Produkte und Dienstleistungen auf Instagram zu bewerben und ihre Markenbekanntheit zu steigern.

Eine weitere wichtige Funktion von Instagram ist die Nutzung von Hashtags als Mittel zur Organisation von Inhalten. Benutzer können Hashtags erstellen, um Themen zu kategorisieren und Inhalte auf Instagram leichter auffindbar zu machen. Dies hat zur Entstehung von Hashtag-Kampagnen geführt, die es Marken ermöglichen, Inhalte zu erstellen, die viral gehen und die Aufmerksamkeit eines breiten Publikums auf sich ziehen können.

Für das visuelle Storytelling bietet Instagram einen einzigartigen Ansatz. Es ermöglicht Marken und Unternehmen, ihre Botschaften durch visuelle Inhalte zu kommunizieren und dabei ihre Persönlichkeit und ihre Werte zu zeigen. Marketer können auf der Plattform auch Einblicke in das Leben ihrer Kunden geben, was dazu beitragen kann, die Beziehung zwischen Marke und Kunde zu vertiefen.

Zusammenfassend lässt sich sagen, dass Instagram eine wichtige Rolle im Bereich des visuellen Storytellings spielt. Es hat dazu beigetragen, die Art und Weise zu verändern, wie Marken mit ihren Kunden kommunizieren und Inhalte präsentieren. Durch die Präsentation von Inhalten auf eine kreative und ansprechende Weise bietet Instagram Marken und Unternehmen eine Möglichkeit, ihre Persönlichkeit und Werte zu zeigen und ihre Beziehungen zu ihren Kunden zu vertiefen.

PINTEREST UND DIE BEDEUTUNG VON VISUELLEM MARKETING

Pinterest ist ein Social-Media-Plattform, die sich auf visuelle Inhalte und die Entdeckung von Ideen konzentriert. Auf der Plattform können Nutzer eine Sammlung von Bildern, Videos und Links erstellen, die sie interessieren, und diese in verschiedenen Boards organisieren. Pinterest hat in den letzten Jahren eine enorme Popularität erlangt und ist mittlerweile zu einer der größten Social-Media-Plattformen der Welt geworden.

Was macht Pinterest so einzigartig und erfolgreich? Eine wichtige Rolle spielt die visuelle Natur der Plattform. Pinterest ist eine visuelle Suchmaschine, auf der Nutzer Bilder und Grafiken entdecken können, die sie inspirieren, und sie dann auf ihren eigenen Boards anordnen können. Durch die visuelle Darstellung von Inhalten ist es einfach und unkompliziert, Nutzer überzeugende und ansprechende Inhalte bereitzustellen.

Für Unternehmen ist Pinterest ein wichtiges Instrument im Marketing-Mix geworden. Mit der Plattform können sie ihr Publikum direkt ansprechen und neue Zielgruppen erschließen. Pinterest ermöglicht es Unternehmen, eine starke Brand Identity aufzubauen, indem sie Bilder und Grafiken verwenden, die ihre Werte und Produkte widerspiegeln.

Visuelles Marketing hat sich in den letzten Jahren zu einem wichtigen Geschäftsfeld entwickelt. Bilder und Videos können die Aufmerksamkeit schneller auf sich ziehen als Texte und steigern somit die Klickrate und Interaktion der Nutzer. Pinterest bietet Unternehmen die Möglichkeit, ihre visuellen Inhalte einem großen Publikum zu präsentieren und somit ihren Umsatz zu steigern.

Pinterest spielt auch eine wichtige Rolle in der E-Commerce-Branche. Unternehmen können auf der Plattform ihre Produkte mit einem Link zum Online-Shop posten und somit die Käufe direkt von der Plattform aus fördern. Durch die Möglichkeit, den Nutzern direkt zu den Produkten zu leiten, erhöhen sich die Chancen auf einen Kaufabschluss.

Zusammenfassend lässt sich sagen, dass Pinterest eine der wichtigsten Social-Media-Plattformen ist, wenn es um die Verbreitung von visuellen Inhalten und Marketing geht. Visuelle Inhalte sind heutzutage unverzichtbar, wenn es darum geht, Zielgruppen auf Social-Media-Plattformen anzusprechen. Unternehmen sollten sich daher mit Pinterest auseinandersetzen und die Plattform in ihre Marketing-Strategie einbinden, um von dem immensen Potential der Plattform zu profitieren.

SNAPCHAT UND DIE AUSWIRKUNGEN VON ZEITLICH BEGRENZTEN INHALTEN

In der Welt der sozialen Medien kann es schwierig sein, Aufmerksamkeit zu erregen und Interaktion mit dem Publikum aufrechtzuerhalten. Snapchat hat jedoch eine wertvolle Möglichkeit gefunden, dies zu erreichen: zeitlich begrenzte Inhalte. Diese Funktion wurde erstmals im Jahr 2011 mit der Veröffentlichung der App eingeführt und seitdem hat Snapchat kontinuierlich ein höheres Nutzungsverhalten aufgewiesen als andere soziale Medien. Was macht die zeitlich begrenzten Inhalte so ansprechend? In diesem Kapitel werden wir uns die Auswirkungen von Snapchat und seiner Funktion auf die sozialen Medien genauer ansehen.

Snapchat wurde zunächst als einfache Messaging-App zur schnellen Kommunikation zwischen Freunden entwickelt. Der Gründer Evan Spiegel und seine Freunde wollten eine Möglichkeit finden, Fotos und Videos zu teilen, die später nicht in den sozialen Medien landen sollten. Der Reiz des "Flüchtigen", der zeitlich begrenzten Inhalte, liegt darin, dass sie nach einer begrenzten Zeit automatisch gelöscht werden. Dies war ein großer Unterschied zu anderen sozialen Netzwerken wie Facebook, Instagram und Twitter, bei denen Inhalte unendlich lang zugänglich sind.

Obwohl die Funktion der zeitlich begrenzten Inhalte bei den Nutzern Anklang fand, sahen viele Marken und Unternehmen zunächst keinen Wert in der Nutzung von Snapchat. Das änderte sich jedoch schnell, als immer mehr Nutzer die App und ihre Funktionen nutzten. Es dauerte nicht lange, bis Marken wie McDonald's und Audi den Wert von Snapchat erkannten und begannen, ihre Inhalte zu teilen. Heute nutzen viele Marken und Unternehmen Snapchat als Teil ihrer Marketingstrategie, um jüngere Zielgruppen zu erreichen.

Snapchat hat auch dazu beigetragen, die Art und Weise zu verändern, wie wir über das Teilen von Inhalten denken. Indem Snapchat die Idee vorstellte, dass Inhalte nach einer bestimmten Zeit verschwinden werden, entsteht ein Gefühl der Dringlichkeit und Unmittelbarkeit. Es schafft auch einen Raum, in dem wir uns vielleicht mehr trauen, Dinge zu teilen, die wir sonst nicht tun würden. Auf Snapchat können wir uns frei ausdrücken und müssen uns weniger Sorgen darüber machen, wie unsere Inhalte später auffallen könnten.

Die Auswirkungen von Snapchat zeigt, wie wichtig es ist, in der Welt der sozialen Medien ständig zu experimentieren und neue Funktionen einzuführen. Marken und Unternehmen müssen lernen, wie sie diese Funktionen nutzen können, um ihre Kunden besser zu erreichen und auf deren Bedürfnisse einzugehen. Es ist offensichtlich, dass die Idee der zeitlich begrenzten Inhalte erfolgreich ist und die Entwicklung von Snapchat einen wichtigen Beitrag in der Evolution der sozialen Medien geleistet hat.

DIE ENTSTEHUNG VON TIKTOK UND DER ERFOLG VON KURZVIDEOS

TikTok ist eine der neuesten Social-Media-Plattformen, die in kurzer Zeit eine breite Akzeptanz gefunden hat. Die App wurde 2016 unter dem Namen Musical.ly gegründet und im Jahr 2018 von der chinesischen Firma ByteDance übernommen und in TikTok umbenannt. Seitdem hat sich die Anzahl der monatlichen Nutzer weltweit auf über eine Milliarde erhöht. TikTok ist bekannt für seine 15-60 Sekunden langen Videos, die eine Vielzahl von Inhalten von lustigen und unterhaltsamen Clips bis hin zu politischen Diskussionen und sozialen Aktionen umfassen.

TikToks Erfolg basiert auf mehreren Faktoren. Einer davon ist die Einfachheit der Nutzung. Die App ist so angelegt, dass die Nutzer schnell und einfach Videos aufnehmen, bearbeiten und hochladen können. Eine weitere wichtige Funktion von TikTok ist das "Duett"-Feature, das es den Nutzern ermöglicht, auf andere Videos zu antworten oder sich mit anderen Nutzern gemeinsam zu zeigen. Dadurch wurde die App zu einem Ort für kreative Zusammenarbeit und Austausch.

Ein weiterer Grund für den Erfolg von TikTok ist auch die Vielfalt der Inhalte. Anders als bei anderen Plattformen wie Instagram oder Twitter, wo Nutzer auf Fotos und kurze Texte beschränkt sind, erlaubt TikTok es den Nutzern, ihren kreativen Ader freie Hand zu lassen und Inhalte in einer Vielzahl von Formaten und Genres zu erstellen. Die Plattform ist bekannt für seine Memes, Challenges und DIY (Do-it-yourself) Inhalte - alles in kurzen, schnellen Videos.

TikTok hat auch eine starke Community-Kultur. Dies ist auf die Funktionen der Plattform zurückzuführen, die es den Nutzern ermöglichen, sich über gemeinsame Interessen und Trends auszutauschen. Die Plattform hat eine lebhafte und freundliche Atmosphäre geschaffen, die die Nutzer zu regelmäßigen Besuchen und zur Schaffung von Inhalten anregt.

Eine weitere wichtige Komponente des Wachstums von TikTok ist auch die gezielte Marketingstrategie. Die Plattform ist besonders beliebt bei jüngeren Nutzern, was sie zu einem wichtigen Zielmarkt für Unternehmen und Influencer macht. Viele Marken haben bereits begonnen, TikTok in ihre Social-Media-Strategie einzubeziehen, um ihre Produkte auf eine kreative und unterhaltsame Art und Weise zu präsentieren.

Insgesamt hat TikTok gezeigt, dass es möglich ist, eine neue Social-Media-Plattform zu erstellen, die schnell an Bedeutung gewinnen und auf der Millionen von Nutzern regelmäßig Inhalte teilen und konsumieren. Der Erfolg von TikTok hat auch gezeigt, wie wichtig es ist, im Bereich Social Media immer innovativ und auf dem neuesten Stand zu bleiben, um sich den sich ständig ändernden Bedürfnissen und Erwartungen der Nutzer anzupassen.

DER EINFLUSS VON SOCIAL MEDIA AUF DAS KONSUMVERHALTEN UND DEN E-COMMERCE

Social Media hat in den letzten Jahren eine enorme Veränderung im Konsumverhalten verursacht und einen Einfluss auf den E-Commerce gehabt. Durch die Vielzahl von Social-Media-Plattformen und -Features können Verbraucher Produkte und Dienstleistungen entdecken, diskutieren, evaluieren und kaufen.

Einer der größten Einflüsse von Social Media auf die Konsumgewohnheiten hat mit personalisiertem Marketing zu tun. Durch Social-Media-Daten kann das Verhalten von Verbrauchern analysiert werden, z. B. welche Seiten sie besuchen, wonach sie suchen und welche Produkte oder Dienstleistungen sie interessieren. Dies ermöglicht es Marken, Verbrauchern personalisierte Kampagnen und Angebote anzubieten, die auf ihren Bedürfnissen und Interessen zugeschnitten sind.

Die Verwendung von Influencer-Marketing ist ein weiteres Beispiel für den Einfluss von Social Media auf das Konsumverhalten. Influencer nutzen ihre Reichweite und ihr Vertrauen in der Community, um Produkte oder Dienstleistungen zu fördern und Menschen zum Kauf zu verleiten. Für Unternehmen ist dies eine effektive Möglichkeit, die Aufmerksamkeit von potenziellen Kunden zu gewinnen und positive Empfehlungen zu erhalten.

Social Media hat auch den E-Commerce beeinflusst, indem es den Kaufprozess erleichtert hat. Plattformen wie Facebook und Instagram bieten Shop-Funktionen an, die es Verbrauchern ermöglichen, Produkte direkt von der Plattform aus zu kaufen. Dies ist insbesondere für mobile Benutzer bequem, da sie Produkte ohne App-Wechsel und den mühsamen Einkaufsprozess im Browser kaufen können.

Die Integration von sozialen Medien in den E-Commerce hat auch eine soziale Komponente zum Kaufprozess hinzugefügt. Verbraucher können Bewertungen von Freunden und Influencern sehen, Produkte teilen und sich mit anderen Kunden in Foren und Diskussionen austauschen, was den Kaufprozess interaktiver und geselliger macht.

Neben den positiven Aspekten hat der Einfluss von Social Media auf das Konsumverhalten und den E-Commerce auch Kritik hervorgerufen. Ein Problem ist, dass Unternehmen und Marken durch personalisiertes Marketing und Influencer-Marketing dazu beitragen können, Konsumzwänge aufrechtzuerhalten und zu fördern, indem sie gezielt auf die Schwächen von Verbrauchern abzielen.

Ein weiteres Problem ist der Datenschutz. Verbraucher haben Bedenken, wie ihre Daten von Social-Media-Plattformen genutzt werden und wie sie von Unternehmen für personalisierte Werbung verwertet werden können.

Insgesamt hat Social Media einen großen Einfluss auf das Konsumverhalten und den E-Commerce gehabt. Obwohl es Vorteile bietet, müssen die teilweise bedenklichen Auswirkungen des Einflusses von Unternehmen und Marken auf das Konsumverhalten sorgfältig abgewogen werden.

www.ingramcontent.com/pod-product-compliance
Lightning Source LLC
Chambersburg PA
CBHW071122220526
45467CB00004B/2017